Acupuntura Estética

Dados Internacionais de Catalogação na Publicação (CIP)
(Câmara Brasileira do Livro, SP, Brasil)

Fernandes, Fernando A. C.
  Acupuntura estética: prática e objetiva: novos procedimentos / Fernando A. C. Fernandes. 2. ed. – São Paulo: Ícone, 2015.

  Bibliografia
  ISBN 978-85-274-1238-4

  1. Acupuntura. 2. Acupuntura – Pontos. 3. Cirurgia plástica. 4. Estética. 5. Medicina chinesa. 6. Procedimentos médicos. I. Título.

13-04221   CDU – 615.892
                                                            NLM-WB-369

Índices para catálogo sistemático:

1. Acupuntura estética: Terapias: Ciências médicas.   610.951
1. Acupuntura estética: Terapias: Ciências médicas. WB-369

Acupuntura Estética

Prática e Objetiva
Novos Procedimentos

Fernando A. C. Fernandes

2ª edição
São Paulo – 2015

© Copyright 2015
Ícone Editora Ltda.

Fotografias
Celso Pereira

Capa e diagramação
Richard Veiga

Revisão
Saulo C. Rêgo Barros
Juliana Biggi
Marina Castanho

Proibida a reprodução total ou parcial desta obra, de qualquer forma ou meio eletrônico, mecânico, inclusive por meio de processos xerográficos, sem permissão expressa do editor. (Lei nº 9.610/98)

ÍCONE EDITORA LTDA.
Rua Anhanguera, 56 – Barra Funda
CEP: 01135-000 – São Paulo/SP
Fone/Fax.: (11) 3392-7771
www.iconeeditora.com.br
iconevendas@iconeeditora.com.br

Distribuidor exclusivo:
SODALAS COMÉRCIO DE LIVROS LTDA.
Largo 7 de Setembro, 52 – conjunto 307
CEP: 01501-050 – São Paulo/SP
Fones:
São Paulo: (11) 3241-3354 / Fax: (11) 3271-1263
Rio de Janeiro: (21) 2542-9992 / Fone/Fax: (21) 2542-7626

Dedicatória

Para minha filha Stella,
que provocou uma mudança
alquímica em meu ser,
me tornando uma pessoa
melhor e mais amorosa.

E a minha esposa Márcia,
pelo intenso companheirismo
nesta jornada.

Agradecimentos

Agradeço pelo incentivo dos meus alunos do Sul ao Norte do Brasil e recentemente dos EUA que, ao longo dos anos, acrescentaram-me conhecimentos, sendo fundamentais em todo o processo.

Agradecimento especial à Dra. Simone Tano, professora e supervisora do IBRATE (Instituto Brasileiro de Therapias e Ensino), pela sua competência, ética e amizade ao longo da ajuda prestada nos cursos e neste trabalho.

À Farmacêutica e acupunturista Claúdia Coelho, pela sua capacidade e dedicação à medicina oriental, pela assistência e fidelidade neste processo.

À Dra. Flávia Monteiro, fisioterapeuta acupunturista, pela sua contribuição nos capítulos sobre obesidade e acupuntura em dermatologia.

À Dra. Andrea Cerqueira e à Dra. Eliana Soares, professoras de acupuntura estética da minha equipe, pela dedicação e empenho nos seus profissionalismos.

Este livro visa dar continuidade ao meu trabalho anterior, *Acupuntura estética facial e corporal e no pós-operatório de cirurgia plástica*, 3ª ed., Ícone Editora, de forma a tornar práticas e objetivas às sequências de procedimentos por meio de protocolos, utilizando novos e antigos recursos até então não abordados.

Sobre o Autor

Fernando Antonio Corrêa Fernandes é Fisioterapeuta formado pelo IBMR (Instituto Brasileiro de Medicina de Reabilitação). Iniciou seus estudos em Medicina Oriental pela Abaco (Academia Brasileira de Artes e Ciências Orientais), onde veio a tornar-se docente em 1992, tendo ministrado aulas a mais de 80 turmas em nível de Pós-Graduação.

Ingressou no HMMC (Hospital Municipal Miguel Couto) em 1991 para estágio em Acupuntura e permaneceu por 5 anos, dedicando os dois últimos, à supervisão de estagiários. Em 1997, especializou-se em Fitoterapia Chinesa pelo ACTCM (American College of Tradicional Chinese Medicine), São Francisco, Califórnia – USA. Em 1999, fundou a Clínica Daya Terapias Integradas, na qual uniu a Medicina Oriental e Ocidental e criou a 1ª Clínica Social de Acupuntura. A ideia se espalhou, beneficiando pessoas menos favorecidas. Com formação em Hipnose Ericksoriana, PNL e *Coach* pelo INAP (Instituto de Neurolinguística Aplicada), tem conjugado estas técnicas com a

Medicina Oriental como forma de tratar vários distúrbios físicos e psíquicos. Em 2001, em parceria com o Cirurgião Plástico Dr. Alcemar Maia Souto, desenvolveu acupuntura no Pós-Operatório ampliando a atuação desta. Membro do ISMA BRASIL (International Stress Management Association) e do instituto Heart Math, autor dos livros *Acupuntura estética facial e corporal e no pós-operatório de cirurgia plástica*, 3ª ed., Ícone Editora; *O meu, o seu, o nosso estresse cotidiano* e *Gerenciamento de estresse*, também da Ícone Editora. Professor de Yoga e especialista em meditação Mindfulness, dedica-se às formas de controle do estresse e melhora da qualidade de vida.

Índice

Introdução, **13**

Capítulo **1**
Técnicas invasivas, 15

   1.1. Terapia de microagulhamento – indução à percussão do colágeno, **15**

   1.2. Sangria, **23**

   1.3. Eletroacupuntura, **24**

Capítulo **2**
Técnicas não invasivas, 30

   2.1. Eletroestimulação transcutânea, **30**

   2.2. Guasha (Chinese: 刮痧; pinyin), **32**

   2.3. Hai Hua, **34**

   2.4. Moxa, **37**

Capítulo **3**

A Anamnese voltada para a estética por acupuntura, 39

- 3.1. Pele, **40**
- 3.2. Unhas, **46**
- 3.3. Tônus, **47**
- 3.4. Cabelos, **47**
- 3.5. Pelos do corpo, **48**
- 3.6. Olhos, **48**

Capítulo **4**

Farmacopeia clássica chinesa e outras substâncias, 49

- 4.1. Pó de pérola, **49**
- 4.2. Placenta de ovelha, **52**
- 4.3. Algas, **53**

Capítulo **5**

Técnicas complementares, 58

- 5.1. *Lifting* natural, **58**
- 5.2. Protocolos de tratamento, **59**

Capítulo **6**

Tratamentos específicos, 74

- 6.1. Obesidade, **74**
- 6.2. Problemas dermatológicos, **83**

Bibliografia, **95**

Introdução

Ao contrário do que talvez se possa imaginar, um livro de acupuntura estética não tem nada de diferente da acupuntura clássica, no que tange ao tratamento da causa.

Na verdade, estamos sempre atentos às desarmonias do Zang-fu, xue, Qi e Jing ye para que possamos fazer um trabalho completo em que tratemos causa e efeito. Assim, lidamos com saúde e aumento da autoestima.

Por isso, se faz necessário um diagnóstico energético, pois, dessa forma manteremos os ganhos obtidos nas queixas de estética e assim a saúde (equilíbrio energético) do Paciente. "A beleza de dentro para fora" sempre foi algo enfatizado em meus *workshops*, visto que o oriental diverge em relação ao ocidental na busca da "felicidade".

Enquanto o primeiro prima por buscá-la dentro de si, o segundo prima por "buscar" aspectos materiais. Assim, o tratamento estético não se sustenta quando existem desarmonias internas. Um exemplo que podemos citar: um indivíduo que evacua apenas uma vez na semana. Qual o nível de intoxicação desse indivíduo? De que adianta apenas "cercar" as acnes ou outras mazelas frutos dessa intoxicação?

Este livro tem como objetivo facilitar, por meio de protocolos já sedimentados, sequências de procedimentos antigos e atuais da Medicina Oriental.

O resultado certamente proporcionará o aumento do bem-estar e da autoestima, para quem submeter-se aos procedimentos expostos nesta obra.

Capítulo 1

Técnicas invasivas

1.1. Terapia de microagulhamento – indução à percussão do colágeno

Criada na Alemanha em 2009, a terapia de indução de colágeno por microagulhamento ficou mais conhecida popularmente como Terapia de Microagulhamento. Na verdade, na Medicina Oriental já tínhamos uma técnica de microagulhamento como o "martelinho de sete pontas", uma das técnicas de sangria. Esta técnica compreende milhares de micropunções com agulhas que variam de 0,2 a 3,0 mm de acordo com a finalidade específica de cada tamanho a qual veremos depois. Essas micropunções criam canais por meio da camada córnea da pele, aumentando mais de 10 mil vezes a absorção dos produtos aplicados sobre ela, originando também grande produção de colágeno endógeno, elastina e regeneração tecidual.

Tem ação vasodilatadora, resultando aumento do fluxo de sangue e, consequentemente, da oxigenação tecidual.

Em nossa linguagem energética, estimula de forma impactante a circulação de Qi, Xue e Jing ye, além de estimular áreas reflexológicas quando aplicado à face. Como resultado, melhora o viço, o tônus e produz abrandamento das rugas.

Figuras 1 e 2: Aparelho de indução à percussão do colágeno.

Indicações

▷ Rejuvenescimento facial com a melhora do viço e do tônus da pele e abrandamento das rugas e linhas de expressão;
▷ Tratamento de acnes não inflamadas e cicatrizes de acne;
▷ Tratamento de cicatrizes;
▷ Tratamento de calvície;
▷ Tratamento de celulite, estrias e flacidez.

Vantagens

▷ Cicatrização rápida – 24 horas;

▷ Baixo risco de infecção;

▷ Desaparecimento da vermelhidão em torno de uma hora;

▷ Necessita de três dias de afastamento total do sol (uso de filtro solar no mínimo de fator 30);

▷ Não causa dano permanente à pele;

▷ Pode-se controlar o incômodo durante o procedimento.

Intervalo entre o tratamento

Este intervalo baseia-se no ciclo de produção do novo colágeno, que ocorre em torno de vinte e um a vinte e oito dias. O tratamento ocorre uma vez ao mês (método mais agressivo). Segunda versão tratamento: pressão leve, associado à acupuntura estética facial uma vez na semana, pois temos a intenção de intervir também na circulação de Qi, xue e jing ye, intervindo nas desarmonias e com isso dando sustentação à atuação local.

Contraindicações

Lesões cancerígenas, psoríase, verrugas, herpes ou acne ativa, distúr-bios de coagulação e infecções. Cuidado com o uso em diabéticos e imunodeprimidos, pela facilidade de contraírem infecção.

Cuidados

Como todo procedimento invasivo, devem ser realizados procedi-mentos de assepsia, evitando possível infecção em indivíduos com baixa resistência imunológica.

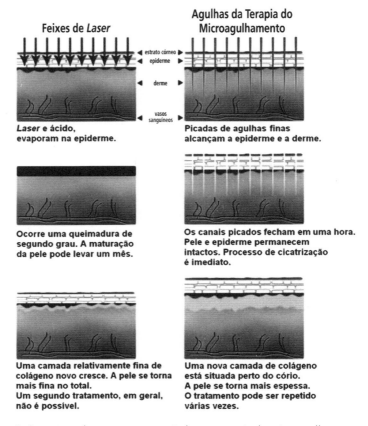

Figura 3: Pesquisa sobre o tratamento via *laser* e terapia de microagulhamento.

1.1.1. Tratamento da calvície

Segundo a Medicina Tradicional Chinesa, a queda de cabelo tem como etiologia a deficiência do sangue do fígado ou da essência dos rins, ou de ambas conjugadas.

A alopecia apresenta como principal padrão sindrômico o calor no sangue (xue), normalmente originado do fogo no fígado.

- Acupuntura: R-3, F-8, R-6, B-17 e B-18 (calvície), F-2, IG-4, (alopecia).
- Fitoterapia chinesa – Liu wei di Huang Wan, Qi ju Di Huang Wan, Chai hu Su gan Wan (para alopécia).
- Utilizar a terapia de microagulhamento 0,5 mm (apenas este tamanho), no sentido de trás para frente.
- Após 10 a 15 min. do rolamento, o couro cabeludo estará pronto para receber a substância comumente utilizada.

Pelo fato de a taxa de absorção aumentar até 1000 vezes, usar como sugestão o Minoxidil (peça indicação ao seu dermatologista). Caso haja exposição do couro cabeludo, favor utilizar protetor solar fator 30, no mínimo.

Figura 4: Aparelho de 0,5 mm utilizado para o tratamento de calvície.

1.1.2. Tratamento das estrias

Usar substância analgésica para tornar o procedimento mais confortável.

- Aplicar analgésico (como sugestão, lidocaína 4 ou 5%).
- Utilizar terapia de microagulhamento 1,5 ou 2,0 mm.

▷ Utilização do aparelho nos quatro sentidos durante 10 minutos.
▷ Após, usar óleo de semente de uva ou copaíba, ou ainda arnica.

Não esquecer do protetor solar fator mínimo 30. Repetir o procedimento uma vez na semana.

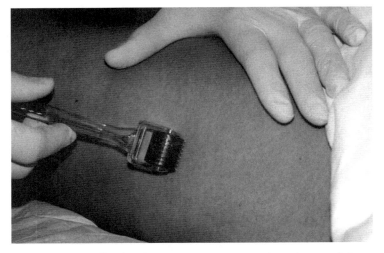

Figura 5: Aparelho de 1,5 mm para o tratamento de estrias ou celulite.

1.1.3. **Tratamento da celulite**

Segundo a Medicina Tradicional Chinesa, a celulite advém da perda de função de drenagem de três Zang Fu: o rim, pulmão e baço e consequente, estagnação de Jing ye.

Quando esta se manifesta nos membros inferiores, responsabilizamos o baço: estagnação de Jing ye (líquido orgânico).

Tratar a causa nos membros inferiores:

▷ Acupuntura – Bp-3,2 (tonificação), Bp-9 (sedação).
▷ Fitoterapia chinesa – Fang ji Huang qi tang ou wu ji san.
▷ Utilizar terapia de microagulhamento 1,5 ou 2,0 mm para celulite grau 1 e 2.
▷ Recomendável para celulite grau 3 terapia de microagulhamento 3,0 mm.
▷ Usar a terapia de microagulhamento nos quatro sentidos durante 10 a 15 min. até formar hiperemia.

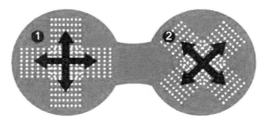

Figura 6: Usar a terapia de microagulhamento nos quatro sentidos.

▷ Usar substância lipolítica (como sugestão: centella asiática, thiomucase).
▷ Uso da ventosa com puxada superficial, no sentido do joelho para as nádegas.

Obs.: Dê preferência à ventosa com pistola, pois ela permite o controle exato da puxada.

1.1.4. Rugas e linhas de expressão

A terapia de microagulhamento exerce um grande efeito sobre as rugas e linhas de expressão.

O tamanho vai variar de acordo com o tipo de pele; pode-se utilizar tamanhos diferentes, de 0,2 a 3,0 mm.

Os tamanhos maiores como 2,0 e 3,0 são mais indicados para acne e suas marcas.

Todos os procedimentos, desde a assepsia como o uso do filtro solar, devem ser respeitados como procedimentos seguros e responsáveis pelo terapeuta. Fique atento às contraindicações.

Oriente o paciente a não usar maquiagem por um período de 24 horas.

O procedimento realizado a partir de uma "pressão forte" na face faz com que este seja repetido em um intervalo de vinte e um a vinte e oito dias, como havia sido dito anteriormente a respeito do ciclo de renovação do colágeno.

A utilização de "pressão leve" na face induz a realização do tratamento uma vez por semana.

Normalmente é esperada uma melhora de no mínimo 60 % na primeira sessão em relação ao abrandamento das rugas, tônus da face e viçosidade da pele.

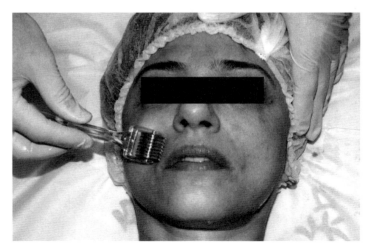

Figura 7: Aparelho de indução à percussão ao colágeno para o tratamento de rugas e linhas de expressão.

1.2. Sangria

Outro procedimento interessante é a sangria. Este é feito com pequenas lancetas, as mesmas que utilizamos nas canetas de sangria. Estimula por meio do desbloqueio a circulação de Qi, Xue e Jing ye e também o surgimento intenso de colágeno e elastina.

Produz um efeito imediato de superficialização das rugas. Abranda imediatamente as linhas de expressão.

Pequenas picadas são feitas no sentido oposto da gravidade, percorrendo todo o sulco ou marca de expressão.

Recomenda-se também o uso de substância anestésica e de material descartável (lancetas) e luvas.

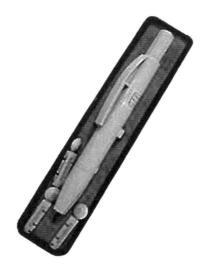

Figura 8: Aparelho de sangria com lancetas.

1.3. Eletroacupuntura

Combinação da acupuntura clássica com a eletroterapia de modo que, após a inserção das agulhas é obtida a sensação do Qi, por elas se faz passar uma corrente elétrica.

Este recurso foi primeiro utilizado na China na década de 1930. É ainda hoje empregado neste país e em outros*.

A utilização da eletroacupuntura na estética facial e corporal visa aos seguintes objetivos:

▷ Potencializar a acupuntura no aumento da produção de colágeno;
▷ Melhorar o tônus facial e corporal;
▷ Redução da celulite, estrias e queloides;
▷ Recuperação de lesões;
▷ Diminuição do tecido adiposo pela quebra de células de gordura.

O uso da eletroacupuntura na estética nos permite, inclusive, trabalhar com cabos de oito saídas, o que possibilita um aumento considerável do número de agulhas eletroestimuláveis em uma mesma sessão.

I) Vantagens da eletroacupuntura

▷ Substitui a manipulação manual das agulhas;
▷ Quantidade e qualidade do estímulo podem ser mensuradas e reguladas;
▷ Estimulação mais potente, regular e contínua;

---

* Eletroterapia, sendo hoje largamente utilizada pelos profissionais da área. Cf. BASTOS, Sohaku R. C. *Tratado de Eletroacupuntura*: perspectivas científicas, teoria e prática. Rio de Janeiro: Numem, 1993.

II) Regras de eletrotonificação e eletrossedação na estética por acupuntura

Deve-se tonificar:

▷ na flacidez;
▷ para o aumento do tônus muscular;
▷ no tratamento de estrias brancas;
▷ nos pontos faciais para o local em que está indicada a tonificação;
▷ para conseguir um efeito *botox*.

Deve-se sedar em caso de:

▷ celulite;
▷ obesidade;
▷ gordura localizada;
▷ estrias vermelhas;
▷ queloides;
▷ fibroses;
▷ rugas e linhas de expressão.

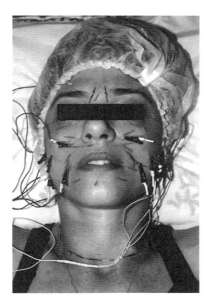

Figura 9: Tratamento de flacidez infrafacial com eletrotonificação.

III) Parâmetros de eletrotonificação na acupuntura estética

▷ Frequência menor (1 a 10 Hz);
▷ Intensidade da corrente menor (voltagem);
▷ Tempo de aplicação menor (até 15 minutos);
▷ Largura do pulso menor;
▷ Intervalo maior entre os pulsos;
▷ Eletródio tonificante catódio (aquele que apresentar maior estímulo).

IV) Parâmetros de eletrossedação na acupuntura estética

▷ Frequência maior (de 10 a 500 Hz);
▷ Intensidade da corrente maior (voltagem);
▷ Maior tempo de aplicação (20 a 60 min.); na estética, trabalhamos com o tempo de 30 minutos.
▷ Largura do pulso maior;
▷ Menor intervalo entre os pulsos;
▷ Eletródio sedante anódio (aquele que apresentar menor estímulo).

V) Atentar para a sensibilidade e a capacidade de resposta do reflexo trófico do organismo, para que não haja excesso (frequência muito alta) ou insuficiência de estímulos. A variação da frequência deverá ir de acordo com a resposta do organismo na primeira sessão.

VI) Pacientes potenciais à alta resposta, usar menor tempo de aplicação (10 a 15 min.).

▷ Pacientes hipersensíveis;
▷ Pacientes nervosos, histéricos ou hiperemotivos;
▷ Pacientes portadores de doenças graves, em coma ou pacientes terminais.

VII) Contraindicações

▷ Gestantes;
▷ Pacientes com marca-passo;
▷ Eletroestimulação em áreas com peças endotissulares;
▷ Pacientes sensíveis à eletroestimulação;
▷ Pacientes cardiopatas;
▷ Pacientes com próteses ou peças metálicas (evitar fazer estimulação no local).

1.3.1. Aparelhos de eletroacupuntura

Existem diversos aparelhos utilizados nos procedimentos de acupuntura estética. Estes vão desde os clássicos aparelhos chineses, como o WQ que trabalham com corrente farádica e que foram desenvolvidos basicamente para a clínica de dor, até os modernos que possuem correntes menos irritativas e unidirecionais, o que facilita enormemente os procedimentos de acupuntura estética e atinge melhores resultados, levando mais conforto aos pacientes. Esses aparelhos também têm sido extremamente úteis na clínica de dor. Exemplo:

Figura 10: Aparelhos DS100jr e DS100CBM.

A empresa SIKURO lançou um tratamento de acupuntura estética com os protocolos do Dr. Fernando Fernandes já programados no aparelho DS-100 CBM, otimizando e facilitando o tratamento.

1.3.1.1. **Como resgatar os "Protocolos SIKURO"**

1º) Entrar no modo memória por meio de duplo clique na tecla "P".

2º) Entrar na opção "Resgatar".

3º) Por meio das teclas "para cima ▲ / para baixo ▼", definir a opção de resgate: Protocolo SIKURO – acesso aos protocolos predefinidos de fábrica;
MEU protocolo – acesso aos protocolos gravados pelo próprio usuário;
Cancelar resgate – retorno para o *menu* do modo memória.

4º) Escolhendo por meio da tecla "P" a opção "MEU protocolo", o usuário entra no modo de resgate convencional já devidamente explicado no manual de operações de seu aparelho.

5º) Escolhendo por meio da tecla "P" a opção "protocolo SIKURO", o usuário terá acesso a uma lista de protocolos de tratamento predefinidos, que têm o formato de apresentação como exemplos abaixo:
Ex.: 1
P07: F. Fernandes
Flacidez
Linhas de expressão
Estas formas de apresentações indicam que, para o exemplo 1, é o protocolo #7 fornecido pelo Dr. Fernando Antônio Corrêa Fernandes para o tratamento da flacidez.

6º) Pressionando a tecla "P", a seguinte mensagem aparecerá:
Protocolo P07
Resgatado OK!

7º) Conforme o procedimento já conhecido para os protocolos pessoais, o protocolo só será carregado efetivamente nos devidos canais A e B, após sair do modo memória, pelo comando "Sair".

8º) A opção "Cancelar resgate" cancela qualquer resgate feito anteriormente e retorna para o *menu* do modo memória.
Ao sair do modo memória, o seu DS100CBM apresentará as seguintes mensagens no *display*:
Iniciar < Iniciar
Canal Canal

Esta nova forma de iniciar os tratamentos permite que o usuário decida em que momento deve ativar cada canal A ou B, já que, em alguns protocolos, os canais não devem ser iniciados simultaneamente.

O canal a ser ativado é escolhido pela tecla de seleção "S" e a ativação é efetuada pelo acionamento da tecla "P".

Após a ativação, o canal em questão apresentará a já conhecida mensagem de segurança "Zerou saídas?" e, ao pressionar a tecla "P" novamente, após a devida verificação dos controles de intensidade, o tratamento se iniciará.

Capítulo 2

Técnicas não invasivas

2.1. Eletroestimulação transcutânea

Trata-se de um método não invasivo de eletroacupuntura em que a aplicação é feita sempre sobre a pele, observando-se os pontos dos meridianos que passam pelo corpo. Os eletrodos transcutâneos devem ser fixados com pequenos adesivos nos pontos escolhidos. Deve-se usar ainda alguma substância condutora entre a pele e os eletrodos, como, por exemplo, o gel condutor utilizado na fisioterapia. O aparelho utilizado é o mesmo para a eletroacupuntura.

Os parâmetros de utilização da eletroestimulação transcutânea deve observar os mesmos critérios da eletroacupuntura.

A utilização da eletroestimulação transcutânea nos pontos de acupuntura da face obtém os seguintes resultados:

▷ Estimula a circulação de Xue, Jin Ye e Qi;
▷ Estimula a producão de colágeno (eletrossedação);
▷ Tonifica a flacidez (eletrotonificação).

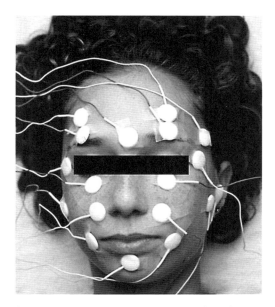

Figura 11: Estimulacão transcutânea para viço, tônus e abrandamento de rugas da face.

2.1.1. Efeito *botox*

Por meio de eletrodos colocados sobre a pele nos pontos VB-14 e o extra YUYAO, promove-se um estímulo de eletrotonificação, produzindo um efeito *botox*.

Protocolo:
F = 10 Hz
T= 15 min.
SINAL 2 (Sikuro), Burst (NKL)

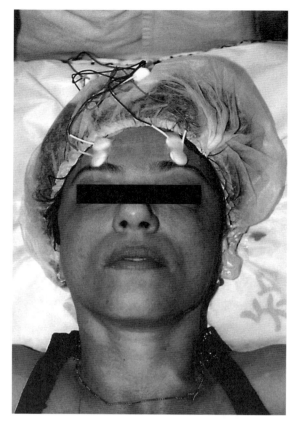

Figura 12: Efeito *botox* com eletroestimulação transcutânea.

2.2. Guasha (Chinese: 刮痧; pinyin)

O Guasha é uma antiga ferramenta terapêutica chinesa usada para tratar diversos problemas do foro muscular, tendinoso e circulatório. Além disso, libera a estagnação do Qi, Xue e facilita a circulação do Jing Ye.

Figura 13: Diversos tipos de Guasha, sendo os mais utilizados os de jade.

Na estética oriental tem sido utilizado como mais uma possibilidade não invasiva para promover estímulo.

Normalmente feito de jade, o Guasha é utilizado na face para facilitar a drenagem de líquidos (JING YE), estimular a circulação de sangue (xue), melhorando assim o viço e estimulando também o colágeno e a elastina.

Basicamente seguimos dois sentidos na aplicação:

1. Abaixo dos olhos, sentido centro para fora (asa do nariz em direção à orelha).

2. Acima das sobrancelhas em direção ao cabelo, percorrendo toda a testa.

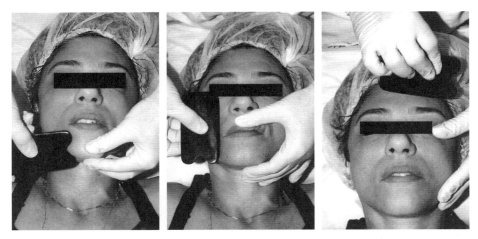

Figura 14: Sequência de movimentos de Guasha na face.

2.3. Hai Hua

Hai Hua combina os métodos da Medicina Tradicional Chinesa (MTC) com a tecnologia eletrônica para buscar o equilíbrio energético.

É a chamada acupuntura sem agulhas. Elas são substituídas por dois eletrodos, que conduzem uma corrente elétrica por meio da pele.

Sua ação varia de desobstrução dos meridianos, desbloqueio de estagnações de Chi, tratando os tendinomusculares, ativação da circulação sanguínea e reequilíbrio da energia vital do organismo.

Estudos recentes mostram seus efeitos no tratamento da dor e da gordura localizada.

Ao contrário do que muitos acreditam, o sistema do Hai Hua **NÃO** é energia eletromagnética, e, sim, energia elétrica combinada com magnetos potentes de neodimel.

Exemplos de aparelhos eletromagnéticos são o de Ondas Curtas e o Micro-ondas da Fisioterapia.

O magneto serve para estimular os pontos de acupuntura e facilitar a passagem de corrente elétrica pela pele.

É necessária a colocação de água para conduzir a eletricidade.

Hai Hua possui somente um botão de regulagem de intensidade, que é determinada de acordo com a tolerância do paciente.

O método oferece rapidez nas aplicações (que duram em média 5 minutos por ponto estimulado). O Hai Hua emite uma frequência que varia de 10 a 500 Hz.

Grande auxiliar na área de estética facial e corporal, auxiliando, especialmente na perda de peso e na diminuição de gordura localizada e retenção de líquidos.

Na estética facial, utilizamos a caneta do Hai Hua para estimular a produção do colágeno, percorrendo a ruga ou a linha de expressão.

Podemos também utilizá-lo nos pontos de acupuntura para desbloqueio do Qi, melhorando a circulação e deixando a pele mais viçosa.

Na estética corporal, utilizamos para promover efeitos sedativos na celulite (liberando a estagnação de Jing Ye (drenagem linfática) e gordura localizada (fleugma), fazendo quebra de células de gordura (lise).

Para isso, hoje em dia dispomos de tamanhos diferentes de eletrodos, o que otimiza os resultados e facilitando também o processo.

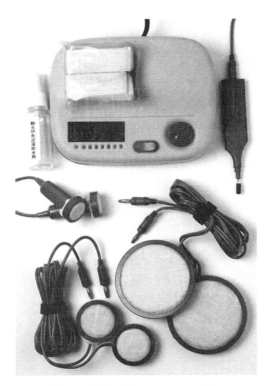

Figura 15: Hai Hua com acessórios.

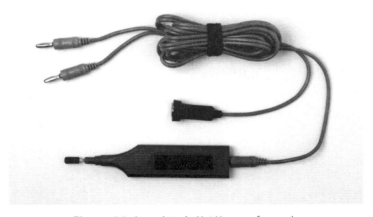

Figura 16: Acessório do Hai Hua em forma de
ponta para linhas de expressão e auriculoterapia.

2.4. Moxa

Consiste na queima de ervas medicinais (a Artemísia é a principal matéria-prima utilizada), sobre determinados pontos ou áreas afetadas com o intuito de produzir calor. Esse processo promove o aquecimento e a tonificação do Qi, do Yang Qi e Xue. A despeito de ser mais conhecida como um recurso complementar às agulhas, a moxaterapia consiste em uma técnica tão antiga e eficiente quanto a acupuntura feita com agulhas. Da mesma forma, a sua grande eficiência vai além do tratamento de dores e de doenças reumáticas, pois a moxaterapia possui ótimos resultados no tratamento de rugas, podendo ser observados com apenas uma aplicação.

Ação no organismo
▷ Estimula a produção de colágeno;
▷ Aumenta a circulação de Qi e Xue, proporcionando maior viçosidade da pele.

Contraindicações
▷ Padrões de Calor ou Calor-Vazio;
▷ Quadros de Calor, como a acne;
▷ Pacientes com febre;
▷ Estrias vermelhas;
▷ Lesões de pele.

Tipos de moxa
▷ Moxa palito;
▷ Moxa bastão;
▷ Moxa de carvão de Artemísia, que produz pouca ou nenhuma fumaça e cheiro durante a queima.

Aplicação

▷ Distância: o bastão deve ser mantido a uma distância da pele que permita uma sensação de calor suportável.
▷ Tempo: até se formar hiperemia.
▷ Cuidado com pacientes que apresentam diminuição ou ausência de sensibilidade periférica, como pode ocorrer com pacientes que tenham distúrbios neurológicos.

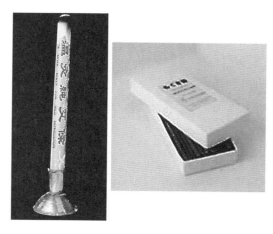

Figura 17: Tipos de moxa (bastão e palito).

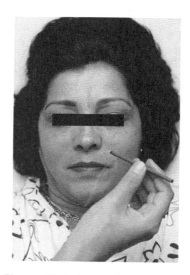

Figura 18: Aplicação da moxa palito.

Capítulo 3

A Anamnese voltada para a estética por acupuntura

A observação constitui importante aspecto de diagnóstico. Portanto, iremos dividir em:

▷ Pele
  - Camadas da pele segundo a Medicina Tradicional Chinesa;
  - Cor da pele;
  - Textura da pele;
  - Tipos de pele;
  - Poros;
  - Alterações na pele.
▷ Unhas
▷ Tônus
▷ Cabelos
▷ Pelos

3.1. Pele

3.1.1. Camadas da pele segundo a Medicina Tradicional Chinesa

Camada superficial da pele (Fu)

Corresponde à parte mais superficial da pele (a epiderme), que está sob influência direta do Pulmão (Fei). Trabalhamos nesta camada, sobretudo, em queixas faciais, como rugas e flacidez e em queixas que tendem a acometer mais os membros inferiores, como a celulite.

Camada profunda da pele (Ge)

Corresponde à camada profunda da pele (epiderme), e está sob influência do Pulmão (Fei), do Fígado (Gan) e do Rim (Shen).

Músculos subcutâneos (Ji)

Também traduzida como "carne", corresponde aos músculos subcutâneos, que, como sabemos, é de responsabilidade do Baço (Pi) e do Fígado (Gan). O tratamento de estrias, assim como o da celulite, é feito nesta camada (hipoderme).

Gordura e músculos (Fen Rou)

Corresponde a duas estruturas, as gorduras, que estão sob alçada do Vaso Diretor, Rim (Shen) e Baço (Pi), e os músculos próximos aos ossos, influenciados pelo Baço (Pi) e pelo Fígado (Gan). O tratamento de gordura localizada, obesidade e estrias é realizado nesta camada.

Espaço entre a pele e os músculos (Cou li)

Corresponde aos espaços que há entre a pele e os músculos e está sob influência do Pulmão (Fei) e do Baço (Pi). É a camada por onde flui o Qi Defensivo e de onde vem o suor.

Poros da pele, incluindo glândulas sebáceas (Xuan Fu).

É por onde sai o suor e estão sob influência do Pulmão (Fei) e do Baço (Pi).

3.1.2. **Cor da pele**

Pálida

Pode indicar uma Deficiência de Qi, Deficiência de Yang ou Deficiência de Xue.

Vermelha

Pode ser uma manifestação do Calor por plenitude, do Calor por vazio, de uma Invasão de Vento-Calor ou, ainda, da Estagnação de Xue.

Amarela

Normalmente indica deficiência de Qi ou Umidade no Pi e no Gan.

Branca

Indica Deficiência de Xue quando conjugada com outros sinais, como, por exemplo, lábios pálidos.

Azulado-esverdeado

Sugere a presença de Frio ou Estagnação de Qi e Xue.

Escura

Indica deficiência grave do Shen.

3.1.3. Textura da pele

Lustro

Reflete o bom estado dos fluidos corpóreos que estão sob responsabilidade do Fei, Gan e Wei.

Umidade

Reflete o estado saudável do Jing Ye, Xue, Xue do Gan e Shen.

Textura

Deve ser firme, elástica e lisa, refletindo o estado saudável do Fei e do Pi.

3.1.4. Tipos de pele

Pele seca

Corresponde à causa mais comum da deficiência de Xue do Gan, sendo especialmente comum em mulheres. A deficiência do Yin do Gan e do Yin do Shen, são a causa comum de pele seca nos idosos. A pele seca e escura está relacionada à deficiência do Shen.

Pele oleosa

É sempre decorrente de Umidade ou Fleugma, gerada por uma Deficiência de Qi do Baço (Pi). A pele oleosa decorrente de Fleugma, é normalmente acompanhada de certo intumescimento da pele.

Pele acneica

É decorrente de Calor no Xue, normalmente causado por uma desarmonia no Fígado (Gan).

Pele normal

A pele está fisiologicamente relacionada ao Pulmão. No entanto, a condição normal da pele também depende do bom estado do Xue, que por sua vez está vinculado ao funcionamento do Coração (Xin), do Baço-Pâncreas (Pi) e do Fígado (Gan), responsáveis pela sua produção, armazenamento e distribuição de Xue para todos os demais Sistemas. Uma pele macia e hidratada também depende do bom estado dos fluidos corpóreos, que estão sob responsabilidade do Estômago (Wei) e do Pulmão (Fei), assim como do Yang do Rim, que aquece os fluidos vindos do Estômago (Wei).

3.1.5. **Poros**

O estado dos poros está diretamente relacionado ao estado de *Cou Liu*, por onde o Qi Defensivo flui e de onde vem o suor. Uma transpiração excessiva sugere que os poros se encontram abertos por uma deficiência de Yang ou por Calor, o que facilita a entrada de fatores patogênicos exógenos. Já a ausência de suor indica o fechamento dos poros, levando a pessoa a reter Calor.

3.1.6. **Alterações na pele**

Máculas (Ban)

É uma área achatada e localizada, com alteração de cor e sem elevação ou infiltração da pele. Ex.: Vitiligo, sardas, hemangiomas capilares.

▷ Máculas vermelhas: indicam Calor;
▷ Máculas roxas: indicam Calor no Xue com estase de Xue;
▷ Máculas negras: indicam Calor no Xue grave;
▷ Máculas brancas: indicam estagnação de Qi e Xue; Deficiência de Xue; Deficiência do Yin do Shen.

Pápulas (Qiu zhen)

É uma pequena elevação, sólida e normalmente bem demarcada da pele, podendo ter o ápice achatado ou em forma de cúpula, como a acne.

▷ Pápulas vermelhas: normalmente indicam Calor no Estômago ou no Pulmão; Vento-Calor externo; Calor combinado com Umidade ou Fleugma;
▷ Pápulas vermelho-escuras: calor com estase de Xue;
▷ Pápulas em forma de placa: calor no Xue se for vermelha.

Vesículas (Shui Pao)

Chamada de Shui Pao, é uma pequena elevação que contém um fluido claro acumulado em seu interior ou abaixo da epiderme. Vesícula é um sinal clássico de umidade; as grandes normalmente indicam Umidade-Calor, e as pequenas, Umidade com uma base de Deficiência de Baço (Pi).

Pústulas (Nong Pao)

Nong Pao é uma coleção visível de pus livre em uma bolha. Pústulas podem indicar a presença de infecção, como no caso do furúnculo ou eczema infectado. Mas nem sempre é assim, pois as pústulas observadas na psoríase não são infectadas. A causa pode ser o Calor tóxico ou Umidade-Calor.

Tumefação na pele

Pode ser decorrente do acúmulo de fluidos sobre a pele, como no edema da estagnação de energia, ou no edema causado pela Umidade:

1. Edema de água (Shui Zhong)

É fruto do acúmulo de fluidos no espaço entre a pele e os músculos, decorrente de uma disfunção do Pulmão, que não realiza a difusão dos fluidos, do Baço que não os transforma, e do Rim que falha na sua função de transformação e excreção dos fluidos. Há formação de cacifo sob pressão dos dedos.

2. Edema de Qi (Qi Zhong)

Quando decorrente da estagnação do Qi no espaço entre a pele e os músculos não há formação de cacifo sob pressão dos dedos. Também pode ser decorrente de Umidade ou Fleugma obstruindo o espaço entre a pele e os músculos, prejudicando a função do Baço de transformação e transporte dos fluidos; nesse caso, pode haver formação de cacifo.

Escamas na pele

A escama, chamada de Lin Xiao em chinês, é o acúmulo de uma camada espessa e calosa de queratina na forma de fragmentos facilmente desprendidos da pele. As escamas normalmente indicam uma alteração inflamatória e o espessamento da epiderme. Podem ser finas como nos casos de pitiríase, brancas e prateadas como em psoríase, ou largas e com aparência de escamas de peixe como em ictiose.

▷ Escamas secas: Deficiência e Secura do Xue com Vento;
▷ Escamas vermelhas: Calor ou Umidade-Calor;
▷ Escamas oleosas: Umidade-Calor.

3.2. **Unhas**

As unhas são de responsabilidade do Gan, particularmente do Xue do Gan.

Superfície das unhas

▷ Unhas sulcadas: Deficiência de Xue ou Yin do Gan;
▷ Unhas finas e quebradiças: Deficiência de Xue do Gan ou Deficiência de Qi e Xue;
▷ Unhas finas e quebradiças: Deficiência de Xue do Gan ou Deficiência de Qi e Xue;
▷ Unhas ásperas e grossas: Deficiência de Qi e Xue gerando Vento;
▷ Unhas secas e quebradiças: Deficiência de Xue do Gan ou Deficiência do Yin do Gan;
▷ Unhas rachadas: Deficiência de Qi, Xue ou Deficiência de Xue do Gan.

Cor anormal das unhas

▷ Manchas brancas: Deficiência de Qi;
▷ Unhas brancas e pálidas: Deficiência de Xue do Gan e Deficiência de Qi do Pi;

- ▷ Unhas brancas embotadas: Deficiência do Yang do Pi e Deficiência do Yang do Shen;
- ▷ Unhas amarelas: Umidade-Calor no Gan e Dan ou Pi e Wei;
- ▷ Unhas roxas: Estase de Xue do Gan;
- ▷ Unhas azul-esverdeadas: Estase de Xue;
- ▷ Unhas escuras: Deficiência de Yin e do Yang do Shen.

3.3. Tônus

O Tônus é de responsabilidade do Qi do Pi. Portanto, devemos analisar os padrões sindrômicos relacionados ao Baço (Pi).

3.4. Cabelos

O cabelo é a manifestação exterior do Qi do Rim; é a manifestação do máximo Yin (isto é, do Rim) dentro do máximo Yang (a cabeça, a parte mais Yang do corpo). Também está sob influência do Fígado, sobretudo o Xue do Gan, que juntamente com o Rim (Shen) regulam seu crescimento normal e a sua aparência.

- ▷ Queda: Deficiência de Xue ou de Essência do Rim, Calor no Sangue (por Fogo do Fígado);
- ▷ Embranquecimento prematuro: Deficiência de Jing do Shen;
- ▷ Espessura e brilho (cabelo "sem vida"): Deficiência de Qi do Fei;

3.5. **Pelos do corpo**

Os pelos do corpo estão sob responsabilidade do Pulmão.

▷ Pelos lustrosos: indicam uma boa qualidade do Qi do Pulmão;
▷ Pelos longos e fortes: indicam que o Qi do Pulmão e o Xue são bons;
▷ Pelos quebradiços: Qi do Pulmão deficiente;
▷ Pelos eretos: Invasão de Vento-Frio;
▷ Queda: Calor no Pulmão ou Qi do Pulmão deficiente.

3.6. **Olhos**

Os olhos são as "janelas da alma", refletindo o estado do Shen e do Fígado (Gan), este último responsável pelo livre fluxo das emoções pelo corpo.

▷ Opacos, sem brilho: Deficiência de Qi do Xin, com alteração no Shen;
▷ Vermelhos: Fogo do Gan;
▷ Manchas no campo visual e pontos de luz: Deficiência de Xue do Gan.

Capítulo 4

Farmacopeia clássica chinesa e outras substâncias

4.1. Pó de pérola

Parte interna da concha (madrepérola).

Composição: cálcio, que tem ação reestruturadora e revigorante; aminoácidos, que potencializam as atividades metabólicas e enzimáticas; e o zinco, que protege a pele.

Aminoácidos são essenciais para a formação de várias proteínas com ação estrutural na pele, como colágeno e ácido hialurônico. Nutrição, proteção, hidratação e efeito *lifting* imediato.

Recentemente, cientistas analisaram profundamente o pó de pérola e constataram que os ingredientes mais benéficos são os 14-18 aminoácidos (incluindo os 8 que não podem ser sintetizados pelo corpo humano), ácido benzoico e mais de doze minerais incluindo germânio, selênio e estrôncio. A absorção pela pele é de 95 a 99%.

Os tratamentos com pó de pérola hidratam, suavizam, reafirmam e revestem a pele, dando-lhe um resplendor incomparável.

O pó de pérola previne a pigmentação, diminuindo o desenvolvimento de melanina.

Desta forma, o pó de pérola mantém a pele clara e suave, deixando-a com um brilho puro e radiante.

Filtra os raios do sol – Especialistas chineses afirmam que as pérolas podem corrigir os danos causados à pele pelo sol.

A pérola em pó contém proteínas que renovam as células da pele, além de vitaminas do complexo B e polissacarídeos que fortalecem os músculos e o metabolismo.

O pó de pérola também pode ser ingerido como fonte de cálcio e de ingredientes naturais. Trata vento interno, acalmando a ascensão do fígado.

Figura 19: Creme de pó de pérola com ouro.

Figura 20: Pó de pérola.

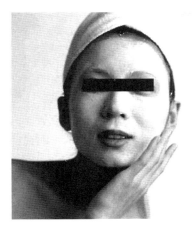

Figura 21: Máscara do pó de pérola.

4.2. Placenta de ovelha

Desenvolvido a partir de células embrionárias de ovinos, a placenta nutre o feto no útero e possui alto teor nutricional, riquíssima em proteínas e vitaminas.

Desencadeiam a regeneração das células da pele, por meio de células vivas de placenta. Recuperam o PH e equilibram a umidade. Tem sido utilizada pelos chineses há milênios.

4.2.1. Alguns tipos de cremes de placenta

Figura 22: Creme de placenta de ovelha com pérola hidrolizada.

Figura 23: Creme de placenta de ovelha.

Figura 24: Creme de placenta de ovelha.

4.3. Algas

Utilização das algas como auxiliar no tratamento estético.

Propriedades e utilização das algas:

As algas marinhas possuem inúmeras variações no que diz respeito à sua classificação. Além disso, tem a capacidade de absorver as propriedades nutrientes e minerais da água do mar e contêm excelente valor nutricional.

Atualmente são amplamente utilizadas na área alimentícia, cosmética e farmacêutica.

Sua composição química apresenta satisfatório valor nutricional, fontes de proteínas, carboidratos, fibras, minerais (tais como Ca, P, Na, K e magnésio) e vitaminas (A, B_1, B_{12}, C, D e E, niacina, ácidos pantotênicos e fólico, entre outros).

Algumas espécies têm propriedades antibióticas e antimicrobianas, antivirais, anticarcinogênicas e antioxidantes.

Muitos dos compostos são reconhecidos como benéficos no controle de hiperlipidemia, diabetes, constipação, tumores e obesidade.

As algas verdes são ricas em nutrientes e algumas espécies podem ser utilizadas na estética.

Já as algas vermelhas que são da classe Rhodophyceae e têm a característica de apresentar compostos como a carragena e o Agar.

As carragenas são polissacarídeos sulfatados lineares de D-galactose e 3, 6-anidro-D-galactose e são amplamente utilizadas na indústria alimentícia e farmacêutica. Têm propriedade espessante, estabilizante e geleificante. Apresentam-se na forma hidrocoloide quando em contato com a água.

Figura 25: Algas verdes desidratadas.

Figura 26: Algas vermelhas trituradas.

Podem ser aplicadas diretamente na pele. Têm poder clareador, cicatrizante, auxiliam na produção do colágeno, tem efeito regulador, evitando a perda de água e consequentemente o envelhecimento da pele.

Como usar?

Após hidratação em água limpa e filtrada por 4-12 horas, as algas verdes podem ser utilizadas trituradas em quantidade reduzida de água.

Figura 27: Alga verde reidratada e processada.

Já as algas vermelhas trituradas são mais práticas e podem ser reidratadas em água pouco tempo antes da sua aplicação.

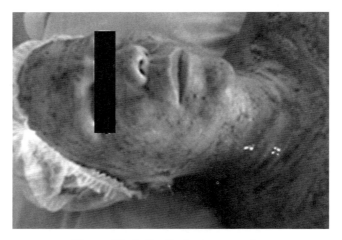

Figura 28: Aplicação de alga vermelha.

Como aplicar?

A aplicação é realizada com pincel ou espátula, cobrindo-se toda a região desejada.

Quanto tempo?

Durante 15 a 30 minutos. As algas vermelhas podem ser mantidas até sua completa secagem e, nesse caso, o paciente poderá sentir um efeito tensor.

Como retirar?

Ambas podem ser retiradas com água morna.

Como conjugar o tratamento das algas com a acupuntura facial?

Sugere-se os seguintes passos:

1º) Higienização da pele;

2º) Aplicação de agulhas e/ou eletroacupuntura;

3º) Massagem sem utilização de creme;

4º) Aplicação das algas por 15 a 30 minutos;

5º) Opcional: aplicação de pó de pérola em creme;

6º) Aplicação de filtro solar.

Obs.: As algas também podem ser utilizadas sobre as estrias ou em pele desidratada e/ou ressecada pelo sol.

Capítulo 5

Técnicas complementares

5.1. Lifting natural

O procedimento de *lifting* natural ocorre a partir de uma tonificação, visto que a hipotonia muscular e a flacidez são padrões (yin) e, portanto, devemos tonificar ou eletrotonificar a pele.

Para isso, o ponto "*Lifting* natural" ou também chamado de esticador, bem como a sangria ou o simples agulhamento do ponto "bochecha" se fazem extremamente necessários, além dos pontos do maxilar superior e inferior.

A tonificação ou eletrotonificação dos pontos em relação à área desejada se faz necessária, em segundo plano.

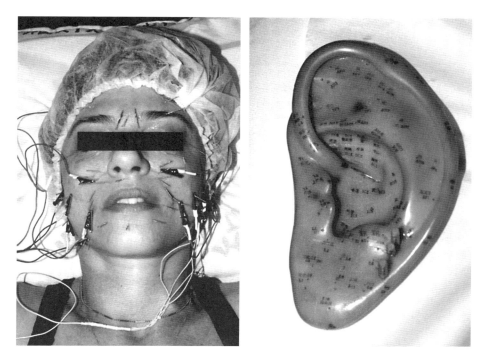

Figuras 29 e 30: Eletrotonificação para *lifting* e pontos auriculares para *lifting*.

5.2. Protocolos de tratamento

5.2.1. Sequência de procedimentos para a face – técnica invasiva

1) Limpeza da pele (retirada de filtro solar, maquiagem, poeira (os antigos chineses utilizavam a clara do ovo).

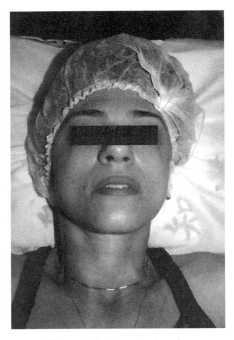

Figura 31: Limpeza da pele.

2) Uso da substância analgésica 30 min. antes do procedimento.

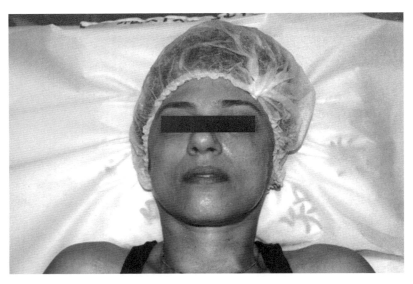

Figura 32: Uso de substância analgésica.

3) Avaliação (queixa principal, tamanho do aparelho da terapia de microagulhamento, etc.).
4) Assepsia com álcool a 70% na face e locais de aplicação das agulhas.

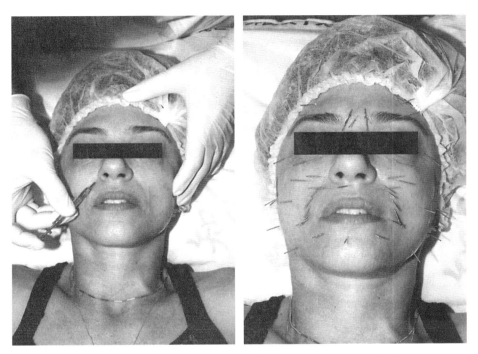

Figura 33: Exemplo de tratamento de rugas parabucais e verticais.

5) Colocar as agulhas em todos os pontos da face, exceto nos pontos de tonificação das rugas a serem trabalhadas.
6) Percorrer a ruga contra a gravidade, de preferência usando agulhas Ting.

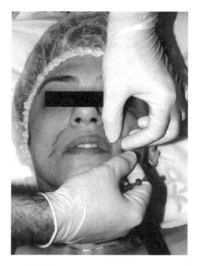

Figura 34: Percorrer a ruga contra a gravidade.

7) Colocar as agulhas nos pontos de tonificação das rugas citadas (deixá-las por 10 min. e retirá-las).
8) Retirar todas as agulhas da face.
9) Procedimento de sangria com lanceta nas rugas.
10) Ponto bochecha na orelha (caso tenha sido solicitado *lifting*).

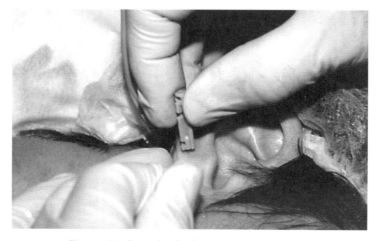

Figura 35: Ponto bochecha na orelha para *lifting*.

11) Uso da terapia de microagulhamento durante 10 ou 15 min., nas quatro direções como explicitado anteriormente.

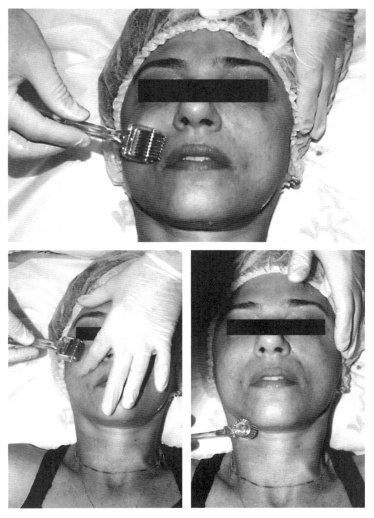

Figura 36: Terapia de microagulhamento nas quatro direções.

12) Misturar alga vermelha (1 colher de chá) em um pouco de água quente ou morna, até virar um gel.

13) Aplicar a alga e esperar secar. Após, retirar em água corrente ou com sabão neutro.

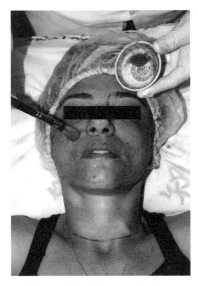

Figura 37: Aplicação de alga.

14) Aplicar pó de pérola em creme no caso de peles secas ou mistas.

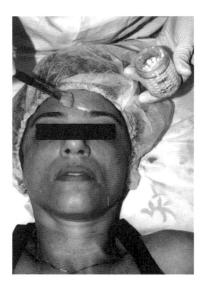

Figura 38: Aplicação do pó de pérola.

15) Utilização do creme de placenta com pérolas hidrolizadas.

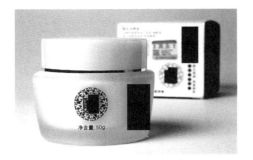

Figura 39: Creme de placenta com pérolas hidrolizadas.

16) Aplicar pó de pérola puro em peles oleosas.

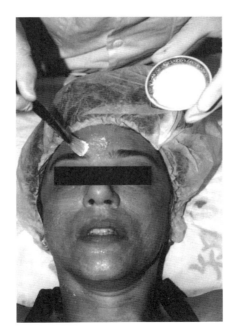

Figura 40: Pó de pérola puro em peles oleosas.

17) Orientar a não utilizar maquiagem por 24 horas e não esquecer do filtro solar (fator mínimo 30), para evitar formação de manchas.

5.2.2. Sequência de procedimentos de técnica não invasiva para o tratamento facial

1) Limpeza da pele (retirada de filtro solar, maquiagem, etc.).

2) Avaliação (objetivos, queixa principal e outras secundárias).

3) Uso do Hai Hua sobre a ruga por 5 min. contra a gravidade, dando preferência ao uso da "caneta" (acessório que vem no Hai Hua terceira geração ou adquirido à parte).

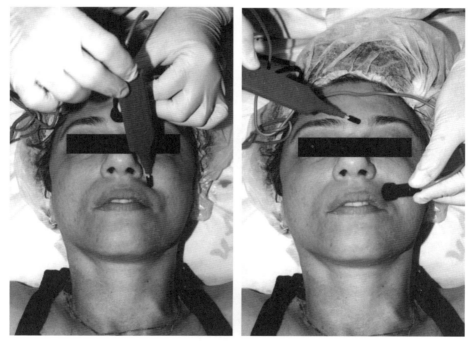

Figura 41: Uso da "caneta" do Hai Hua.

4) Hai Hua em todos os pontos da face, exceto nos pontos de tonificação das rugas que vamos tratar (aqui utilizaremos a moxa palito).

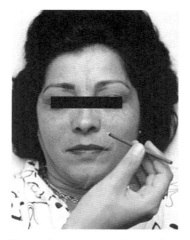

Figura 42: Moxa palito nos pontos de tonificação das rugas.

5) Uso das ventosas de face nos pontos de sedação e nas rugas (sentido contra a gravidade).

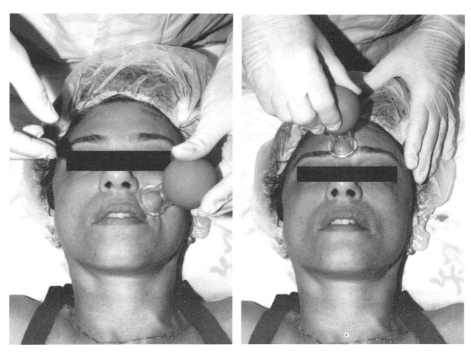

Figura 43: Uso de ventosas de face.

6) Guasha em dois sentidos, primeiramente do centro da face para a periferia; depois, no sentido das sobrancelhas para o início do couro cabeludo.

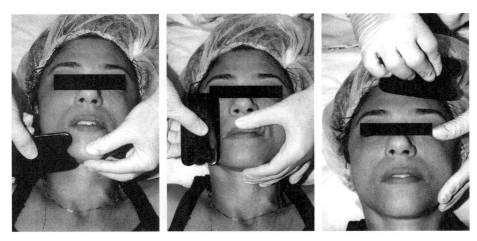

Figura 44: Guasha em dois sentidos.

5.2.3. **Sequência de procedimentos de técnica invasiva para acupuntura estética corporal**

5.2.3.1. **Protocolo para o tratamento de estrias**

1) É recomendada a aplicação do anestésico 30 min. antes do procedimento, já que utilizaremos a técnica da Terapia de Microagulhamento.

2) Assepsia local.

3) Inserir agulhas embaixo das estrias no início e fim destas e usar recursos de eletrotonificação para estrias brancas e eletrossedação, para estrias vermelhas. **Obs.:** Caso estas não se apresentem em linhas, cercar a área para produzir campo sedativo ou tonificante, como na figura a seguir.

4) Em seguida, usar terapia de microagulhamento 1,5 ou 2,0 mm durante período suficiente para produzir vermelhidão (Hiperemia), normalmente isto ocorre entre 10 a 15 min. de aplicação.

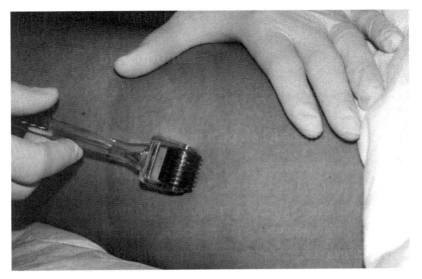

Figura 45: Uso da terapia de microagulhamento para produzir vermelhidão.

5) Colocar substância anti-inflamatória, como sugestão óleo de semente de uva ou calêndula, ou pó de pérola.

6) Utilizar filtro solar fator 30, no mínimo.

5.2.3.2. Protocolo para o tratamento de celulite (lipodistrofia ginoide) – método invasivo

É recomendada a aplicação de anestésico 30 min. antes do procedimento, já que utilizaremos a terapia de microagulhamento, .

1) Assepsia local.

2) Após delimitar a área a ser tratada, inserir agulhas de cima para baixo na perpendicular ao meridiano subcutaneamente, dando espaços entre 1, 5 a 2 tsuns.

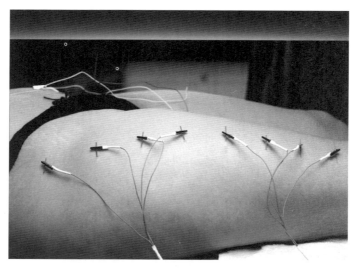

Figura 46: Inserir agulhas de cima para baixo.

3) Colocação preferencialmente de cabos múltiplos (oferecerão menor resistência e melhores resultados, como na figura acima).

4) Programação de eletrossedação.

5) Após, usar terapia de microagulhamento 1,5 ou 2,0 mm durante período suficiente para produzir vermelhidão (hiperemia), normalmente isto ocorre entre 10 a 15 min. de aplicação.

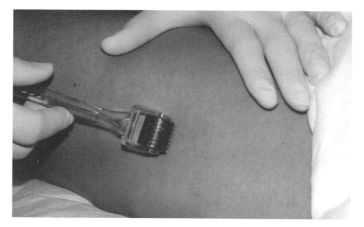

Figura 47: Uso da terapia de microagulhamento até produzir vermelhidão.

6) Uso de substância vasodilatadora, como sugestão Centella Asiática (liberando os bloqueios de Jing Ye).

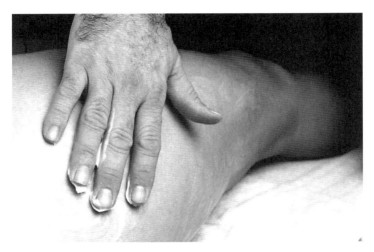

Figura 48: Uso de substância vasodilatadora.

7) Fazer drenagem com ventosas de pistola (Não usar ventosas de fogo, – para esta técnica o nível de puxada deve ser superficial e, no caso destas ventosas, é difícil controlar o nível de puxada). Lembre-se de que estamos lidando com o sistema linfático.

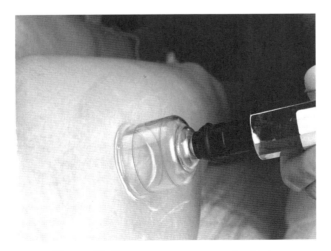

Figura 49: Drenagem com ventosa de pistola.

8) Colocar substância anti-inflamatória, como sugestão óleo de uva, calêndula ou pó de pérola.

9) Filtro solar fator 30 no mínimo.

5.2.3.3. **Protocolo de tratamento de celulite método não invasivo**

1) Uso do Hai Hua durante 5 min. em toda a área a ser tratada com intensidade máxima diante da suportabilidade do paciente (foto).

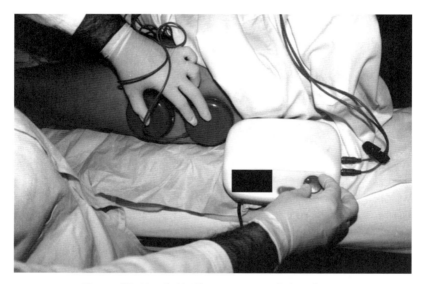

Figura 50: Uso do Hai Hua com intensidade máxima.

2) Eletroestimulação transcutânea durante 30 min. com corrente contínua e frequência de 50 Hz na primeira sessão, dando preferência aos cabos múltiplos, segundo a foto a seguir:

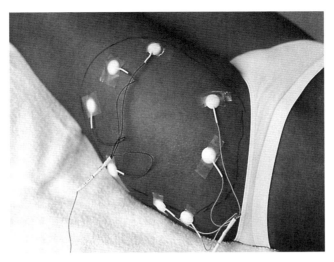

Figura 51: Eletroestimulação transcutânea com cabos múltiplos.

3) Uso de substância lipolítica como Centella Asiática e drenagem com Guashas ou ventosas de pistolas no sentido direcionado aos rins.

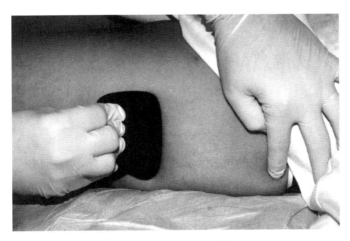

Figura 52: Uso de substância lipolítica e drenagem.

Obs.: É interessante o uso de mais de um recurso de estímulo não invasivo, para conseguirmos os efeitos provocados pelos estímulos invasivos.

Capítulo 6

Tratamentos específicos

6.1. *Obesidade*

A obesidade tem sido um dos problemas mais comuns de saúde pública no mundo contemporâneo, segundo a própria OMS (Organização Mundial de Saúde) que a caracteriza uma doença epidêmica global do século XXI.

Pela OMS, a obesidade é uma doença em que há um acúmulo excessivo de tecido adiposo representando um potencial fator de risco, para o surgimento e a perpetuação de diversas doenças crônicas, como a hipertensão arterial, as dislipidemias, o diabetes, o infarto do miocárdio, a ansiedade, além de transtornos como a apneia do sono. Ela pode decorrer de variados fatores genéticos ou ambientais; de padrões dietéticos e do baixo nível de atividade física, ou mesmo de fatores próprios da suscetibilidade biológica, entre outros envolvidos na etiologia dessa patologia (OMS, 1997).

A obesidade envolve complexas dimensões sócio-antropológicas e psicobiológicas em qualquer parte do mundo.

Para a Medicina Ocidental, há dois tipos de obesidade:

1) A *obesidade ginoide*, em que a gordura se acumula principalmente na porção inferior do corpo, especialmente em regiões de membros inferiores e região glútea. Mais comum na população feminina.

2) A *obesidade androide*, visceral ou abdominal, em que a gordura se situa principalmente na parte superior do corpo, especialmente na região abdominal. Relaciona-se com alterações do metabolismo como as dislipidemias, a hipertensão arterial, as doenças cardiovasculares, o diabetes mellitus tipo II, as alterações endoteliais vasculares, inclusive a síndrome dos ovários policísticos.

Atualmente, muitas pesquisas vêm comprovando e corroborando eficácia da acupuntura no controle do peso. Além disso, demonstram a eficácia da acupuntura também nas doenças advindas e coadjuvantes da obesidade, como as dislipidemias, a hipertensão arterial, a esteatose hepática e a ansiedade. Desta maneira, a acupuntura vem exercendo cada vez mais importância por seu papel harmonizador e regulador das funções do organismo. Isto ocorre pela atuação da acupuntura nos centros de regulação hormonal, com estimulação das funções metabólicas via estimulação correta das funções orgânicas.

Para a Medicina Tradicional Chinesa (MTC), a obesidade pode ocorrer em qualquer idade, mas o maior quantitativo surge por volta dos 40 anos, sendo muito comum no sexo feminino após o início do climatério. Por isso, a MTC se apropria dos seus recursos terapêuticos para atuar no combate da obesidade com suas causas e consequências, baseando-se na Acupuntura, na Dietética Chinesa, na Fitoterapia Chinesa nos exercícios físicos e respiratórios (Liang Gong, Tai Ji, Qi Gong, entre outros).

A MTC considera que as desarmonias de alguns Zang Fu, possam ser os principais responsáveis pela obesidade, mas não exclusivamente. Caracterizando a obesidade de acordo com padrões de deficiência, excesso e deficiência-excesso, e/ou nos tipos Yin e Yang.

6.1.1. **Excesso do estômago/baço**

É muitas vezes considerada como adquirida em virtude dos hábitos de vida, em que a dieta ocidental apresenta uma grande variedade de alimentos como a carne, o pão, o leite, o queijo e os laticínios, bebidas alcoólicas, além dos hábitos de hiperfagia e a irregularidade da dieta. Outros fatores como os horários inadequados para a alimentação, o hábito de alimentar-se muito tarde, e a falta de uma rotina desportiva facilitam o acúmulo de gorduras e causam lentidão metabólica.

As características que podemos observar neste tipo de obesidade são: gordura corporal distribuída proporcionalmente entre a parte superior e inferior do corpo, sem flacidez característica, com presença de bom tônus muscular e de pele. Ou seja, são aqueles indivíduos que situam-se no limiar entre a saúde e a enfermidade da obesidade.

Em geral, essas pessoas apresentam características de calor no estômago, como a face vermelha; constipação, aversão ao calor; transpiração excessiva; hiperfagia; língua de cor normal ou tendência à vermelha com saburra amarela fina e pulso deslizante.

6.1.2. **Calor no estômago/deficiência do baço-pâncreas**

Neste tipo de obesidade, a capacidade de transformação e transporte dos alimentos (GuQi) do baço-pâncreas está deficiente.

É comum encontrarmos indivíduos que evoluíram do excesso do estômago/baço para este padrão devido à perpetuação do padrão; associando-se a isto as alterações de caráter emocional do mundo contemporâneo como o estresse, depressão, excesso de preocupação, gerando a progressiva deficiência do baço. O estresse pode levar ainda à estagnação do Qi do fígado, não controlando o baço e gerando a redução de sua função.

Se falarmos ainda dos hábitos de vida, no Ocidente, os indivíduos ansiosos ou estressados tendem a ingerir mais alimentos do que o normal, como forma de reduzir a tensão, e esse hábito vem se incorporando cada dia mais na vida das pessoas, gerando uma sobrecarga de alimentos e da função do estômago e do baço. Além disso, a estagnação do Qi do fígado tende a gerar calor, que é transmitido ao estômago.

Aqui, apesar de comerem para satisfazer muitas vezes suas necessidades emocionais, a depressão da função de transformação e transporte dos alimentos (GuQi) e dos líquidos corporais (Jin Ye) promovem uma deficiência de Qi e os indivíduos não se sentem menos estressados e com mais energia. Pelo contrário, tendem a sentir-se mais fatigados.

Indivíduos com essas características tendem a apresentar excesso de tecido adiposo, principalmente na região abdominal (tipo Yang), com hiperfagia; distensão abdominal ou epigástrica; fadiga; fezes ora podem estar amolecidas, ora podem apresentar-se ressecadas. A língua pode encontrar-se vermelha, com discreta saburra amarela e/ou gordurosa, e pulso em corda e deslizante.

6.1.3. **Deficiência do Qi do baço-pâncreas e do rim**

Comumente observado em mulheres em período pré e as que já estão na menopausa, em que há uma depleção da vitalidade com declínio do Yin do Rim e também do Yin do Fígado. É comum o aparecimento de hipotireoidismo e outras alterações hormonais. Os órgãos mais afetados com essas mudanças são o Rim e o Baço, por estarem diretamente relacionados com o nosso potencial vital (Yuan Qi), relativos à nossa energia ancestral e à nossa energia adquirida.

Neste caso, os indivíduos tem um metabolismo deficiente com problemas na transformação dos alimentos e dos líquidos orgânicos (Jin Ye), pela deficiência do Rim em não governar o caminho das águas, e com isso não eliminando os líquidos que se acumulam entre os músculos e a pele. Nesta deficiência, o tônus muscular e tecidual é fraco e o indivíduo pode apresentar-se pálido, com a pele por vezes ressecada; pode apresentar ainda sonolência, fraqueza, diminuição da libido e do interesse pela vida; fezes pastosas ou ressecadas; urina frequente. Língua pálida e edemaciada, com saburra branca e fina; além de pulso lento, fraco e deslizante (tipo Yin).

6.1.4. **Obesidade nata ou infantil**

É caracterizada pelo excesso de gordura corporal de caráter constitucional, tendo um dos progenitores, ou ambos excesso de peso.

É comum no indivíduo que apresenta bom apetite, e às vezes hiperfagia. Apresenta-se em geral, com a língua de aspecto normal, porém, pulso forte e irregular.

Tratamento da obesidade conforme a MTC

Em primeiro plano, a MTC preza pela boa qualidade e quantidade adequada de alimentos. Ou seja, pequenas porções para satisfazer as necessidades, o que seria em torno de 70% do enchimento do estômago durante o almoço e menos do que isso no jantar. É recomendado que a pessoa vá se deitar 3-4 horas após a última ingestão.

6.1.5. **Métodos para controle de peso**

Diferentes métodos de acupuntura têm sido utilizados para o controle de peso. Esses métodos incluem a acupuntura manual, a eletroacupuntura e a acupuntura com estimulação eletromagnética transcutânea. Assim, a acupuntura é um método eficaz, porém, deve ser usado em conjunto com as demais técnicas da MTC, como a dietética chinesa e a fitoterapia chinesa.

6.1.5.1. Acupuntura

Deve-se reequilibrar os Zang Fu e suas funções, que possam ser fatores geradores dos desequilíbrios energéticos, objetivando a redução do peso corporal e do percentual de massa corporal gorda.

Pontos comumente utilizados em todos os padrões:

▷ BP4 (gongsun), E40 (fenglong) são pontos que atuam na remoção dos lipídios sanguíneos e removem a mucosidade, além de estimular e melhorar as funções de transformação e transporte dos líquidos corporais (Jin Ye).
▷ E25 (tianshu), ponto que auxilia em casos de estagnações no sistema digestivo, regulando baço, estômago e intestino.

No caso de **Excesso do estômago/baço**, referimos essa condição de calor no Yangming; assim, os pontos mais comumente utilizados são:

▷ IG4 (hegu) – inibe a hiperatividade dos meridianos Yangming;
▷ IG11(quchi) e E44 (neiting) – removem o calor, o primeiro no Yangming e o segundo no meridiano do estômago;
▷ Back Shu B20 (pishu) e B21 (weishu) – removem calor do baço--pâncreas/estômago.

No caso de Calor no Estômago/Deficiência do Baço-Pâncreas, deve--se usar:

▷ E36 (zusanli) – tonifica o baço/pâncreas;
▷ E40 (fenglong) – retira mucosidade e junto com o E36 promove a redução da lipidemia sanguínea;
▷ E44 (neiting) – remove o calor do estômago;
▷ VB34 (yanglingquan) – ponto bastante eficaz no alívio do estresse mental e da depressão, além de auxiliar a digestão na estimulação da produção da bílis. Esse ponto exerce ainda controle sobre o fogo do fígado e calor da vesícula biliar, respectivamente.

No caso da **Deficiência do Qi do baço-pâncreas e do rim,** é importante a utilização de pontos que prezem a tonificação destes, como:

▷ E36 (zusanli) é considerado ponto mestre para tratar alterações digestivas, além de ser comumente usado na China como ponto para fortalecer estômago e baço;
▷ R3 (taixi) – importante para fortalecimento do rim;
▷ B20 (pishu) e B23 (shenshu) com agulha com moxa, ou com moxa apenas. São pontos importantes para fortalecimento do baço e do rim nas insuficiências;

▷ BP6 (sanyinjiao) e BP9 (yinlingquan) – importante para alterações endocrinológicas e para umidade; e

▷ VC4 (guanyuan): ponto de tonificação da energia YuanQi e da essência (Jing).

No caso da **Obesidade inata ou infantil**, é melhor usar auriculopuntura; *laser*, principalmente para a regulação endócrina.

6.1.5.2. **Fitoterapia**

▷ **1º tipo: Xiao Cheng Qi Tang:** fórmula: *Da Huang* (radix et rhizoma rhei); *Zi Shi* (fructus aurantii immaturus); *Hou Po* (cortex magnoliae officinalis).

▷ **2º tipo: Fang Feng Tong Sheng Wan** ou **San**, em algumas literaturas): fórmula: *Fang Feng* (ledebouriella sesesloides); *Jing Jie* (schizonepeta tenuifolia); *Ma Huang* (herba ephedra); *Jie Jeng* (platicodon grandiplorus); *Bo He* (mentha hapocalyx); *Lian Qiao* (forsythia suspense); *Huang Qin* (scutellaria baicalensis); *Dang Gui* (angelica sinensis); *Zhi Ki* (gardenia jasminoides); *Shi Gao* (calcium sulfate); *Chuan Xiong* (ligusticum wallichii); *Bai Zhu* (atractrylodes macrocephala), *Sheng Jiang* (zingiberis officinalis); *Bai Shao Yao* (paeonia lactiflora); *Gan Cao* (glycyrrhiza uralensis); *Da Huang* (rheum palmatum); *Mang Xiao* (mirabilite); *Hu Shi* (talcum).

▷ **3º tipo: Fang Ji Huang Qi Tang:** fórmula: *Fang Ji* (radix hanfanchi); *Huang Qi* (radix astragali seu hedysan); *Ba Zhu* (rhizoma atractylodis macrocephalae); *Can Cao* (radix glycyrrhizae); *Sheng Jiang* (rhizoma zingiberis recens); *Da Zao* (fructus ziziphi jujubae). **Huan Shao Dan:** fórmula: *Shan Yao* (rhizoma dioscoreae); *Niu Xi* (radix achyranthis bidentatae); *Fu Ling* (sclerotium poriae cocos); *Shan Zu Yu* (fructus corni officinalis); *Tu Si Zi* (fructus broussonetiae); *Du Zhong* (cortex eucommiae); *Wu Wei Zi* (fructus schisandrae); *Bai Ji Tian* (radix morindae officinalis); *Rou Cong Rong* (herba cistanchis); *Yuan Zhi* (radix polygalae); *Xin Hui Xiang* (fructus foeniculi); *Shi Chang Pu* (rhizoma acorus graminei); *Gou Qi Zi* (fructus lycii); *Shu Di Huang* (radix rehmanniae preparata); *Da Zao* (fructus ziziphi jujubae).

▷ **4º tipo:** Deve-se avaliar a constituição física e a herança para identificar se há relação com um dos tipos característicos da obesidade adulta e, então, os mesmos fitoterápicos poderão ser prescritos, juntamente com um fitoterápico neutro para deficiência de essência e Yin do rim, como o **Liu Wei Di Huang Wan:** fórmula: *Sheng Di Huang* (radix rehmanniae glutinosae preparata); *Shan Zu Yu* (fructus corni officinalis), *Shan Yao* (radix dioscoreae oppositae); *Ze Xie* (rhizoma allismatis orientalis); *Mu Dan Pi* (cortex moutan radicis); *Fu Ling* (sclerotium poriae cocos).

6.1.5.3. Auriculoterapia

Objetiva melhorar as funções do baço-pâncreas/estômago por meio dos seguintes pontos: *Shenmen* (inibe o apetite); *subcortex* (regula e controla o apetite); *endócrino; abdome* (remove gordura abdominal); ponto do *intestino grosso* (constipação); ponto do fígado, da vesícula biliar, do baço-pâncreas e estômago. Além dos pontos da sede, fome e vício.

Pode-se usar sementes, agulhas ou magnetos.

6.1.5.4. Eletroacupuntura

A onda ideal é a dispersa-densa de baixa frequência.

Notas: sempre que houver constipação, pode-se usar os pontos E25 (tianshu), o VC9 (shuifen) – promove o metabolismo da água – e o VC4 (guanyuan) – ponto Mu (alarme) do intestino delgado.

Segundo He L, X. L Gao *et al.* a acupuntura promove redução dos índices de massa corporal (IMC) com o uso dos pontos E25 (tianshu) e VC4 (guanyuan), juntamente com os pontos Shenmen e endócrino da auriculopuntura.

Jiao L. e Z. A. Chi relatam que a eletroterapia nos pontos VC1 (huiyin) e E25 (tianshu) geram redução da gordura total e da gordura hepática.

Outros estudos demonstram que a acupuntura em pontos como o IG4 (hegu), IG11 (quchi), E36 (zusanli) e E44 (neiting) é capaz de reduzir os níveis de colesterol, triglicerídeos pelo aumento dos níveis de betaendorfina plasmática.

Assim, a acupuntura funciona atuando sobre diferentes sistemas do corpo, além de atuar sobre fatores emocionais auxiliando na supressão do apetite, na motilidade, no funcionamento intestinal e no equilíbrio neuroendócrino, promovendo o controle do peso.

6.2. **Problemas dermatológicos**

Sabemos que emoções como raiva-fúria, alegria excessiva, preocupa-ção, tristeza-melancolia, medo-terror, e também fatores patógenos externos (vento, calor de verão, umidade, secura e frio), além de dieta desequilibrada são capazes de provocar várias alterações patológicas orgânicas e que, consequentemente, apresentarão reflexos, tendo muitas vezes a pele como local de principal acometimento. Assim, o controle desses fatores é primordial.

Há um amplo leque de patologias na pele que são reflexos dessas alterações, mas veremos aqui as mais comumente encontradas em nossa clínica:

▷ Psoríase;
▷ Rosácea;
▷ Vitiligo.

6.2.1. **Psoríase**

É uma dermatose crônica e recorrente, caracterizada por um aumento anormal das células da epiderme associada com alterações inflamatórias da derme e da epiderme, com presença de manchas de aspecto circunscrito, espessado, avermelhado e normalmente coberta por escamas (várias camadas de pele morta) eritematosas.

A causa biomédica é desconhecida, porém, parece haver uma predisposição genética relativa a um erro na produção da camada epidérmica da pele, em que novas células são formadas muito mais rapidamente que o normal, mas a frequência com que as células mortas são removidas permanece igual. Assim as células se acumulam e aparecem os espessamentos. O curso da doença é irregular, caracterizada por exacerbações e remissões de início e duração imprecisos. É de igual frequência em ambos os sexos. E aproximadamente 1% da população apresenta psoríase. Além de ser mais comumente encontrada em pessoas de origem caucasiana do que em outras raças.

Os fatores que podem precipitar, parecem estar ligados a determinadas enfermidades infecciosas, estresse emocional e fatores psicogênicos, além de fatores de agressão à pele.

Sinais e sintomas: Normalmente de início lento, os locais comumente afetados são couro cabeludo, cotovelos, joelhos, palmas das mãos e solas, costas, glúteos. Em 1/3 dos casos podem envolver as unhas. As lesões são caracteristicamente arredondadas e bem demarcadas, rosadas, com placas de escamação de vários tamanhos, cobertas com escamas.

Pode ocorrer a artrite psoríatica que afeta 5% dos pacientes, em que a psoríase precede a inflamação articular.

Na MTC a causa principal da psoríase é uma deficiência preexistente nos níveis nutritivos e de sangue, ou estagnação de Qi e sangue causada por fatores emocionais, o que gera vento e secura, assim como a pele perde sua nutrição. Na psoríase precoce o vento-frio ou vento-calor podem estar envolvidos também, causando desarmonia entre o fluxo de Qi e sangue na pele. Uma umidade-calor preexistente pode também estar latente e acumula-se no tecido e na pele, causando lesões. No progresso da doença, o vento-frio, vento-calor ou umidade-calor transformar-se-ão em calor consumindo e lesionando o Qi e o sangue, tanto que a deficiência de sangue e o vento-seco resultarão em uma condição exacerbada.

Na psoríase, o fígado (Gan) e o rim (Shen) são particularmente afetados e a insuficiência e desarmonia entre estes dois afetará o Vaso Governador (Du Mai) e Vaso da Concepção (Ren Mai) levando a uma deficiência mais pronunciada dos níveis de Qi e de sangue.

O fogo ou calor tóxico da psoríase é resultado em geral de problemas mal resolvidos como distúrbios emocionais que geram fogo, ataques por calor tóxico ou vento-calor, ou umidade-calor, ou até secura. O calor tóxico se dispersa em níveis nutritivos e do sangue e flui para os órgãos, de forma que o Qi e o sangue, especialmente nos tecidos e na pele, geram as lesões.

6.2.1.1. **Calor tóxico nos níveis de sangue e Qi associados com invasão de vento**

Normalmente apresenta-se com eritemas e placas que se espalham continuamente na pele. As placas se descamam facilmente. Pode apresentar prurido intenso. E os sintomas gerais incluem aversão ao calor, agitação, sede, boca com gosto amargo. A língua pode estar vermelha ou vermelho-escura com saburra amarela ou branca fina, e o pulso rápido e tenso ou escorregadio.

O tratamento na MTC é baseado na remoção do calor e das toxinas e na dispersão do vento, com enriquecimento do sangue e ume-decimento da secura.

Fitoterapia

▷ **Liang Xue Xiao Feng Tang:** fórmula: *Sheng Di Huang* (radix rehmanniae glutinosae); *Sheng Shi Gao* (gypsum); *Bai Mao Gen* (rhizoma imperatae cylindricae); *Xuan Shen* (radix scrophulariae ningpoensis); *Zhi Mu* (radix anemarrhenae asphodeloidis); *Bai Shao* (radix paeoniae lactiflorae); *Jin Yin Hua* (flos lonicerae japonicae), *Niu Bang Zi* (fructus arctii lappae); *Jing Jie* (*herba seu flos schizonepetae tenuifoliae*); *Fang Feng* (radix ledebouriellae sesloidis); *Gan Cao* (radix Ggycyrrhizae uralensis).

▷ **Xiao Feng San:** fórmula: *Jing Jie* (flos schizonepeta); *Fang Feng* (radix ledebouriella); *Niu Banng Zi* (fructus arctii lappae); *Chan Tui* (periostracum cicadae); *Cang Zhu* (rizhoma atractylodes); *Ku Shen* (rx.sophorae flavescentis); *Mu Tong* (akebia trifoliata); *Shi Gao* (gipsum fibrosum); *Zhi Mu* (anemarrhenae glutinosa); *Dan Gui* (angélica sinensis); *Hei Zhi Ma* (sezame índice); *Gan Cao* (rx. glycyrrhizae uralensis).

6.2.1.2. Calor no sangue e estase de sangue

Em geral apresenta-se com lesões menos severas, com novas lesões aparecendo mais esporadicamente e com aspecto úmido, vermelho. A língua apresenta-se de coloração vermelho-escuro coberta por uma saburra amarela fina. O pulso tende a ser em corda ou escorregadio.

O tratamento na MTC é baseado na remoção do calor e das toxinas do sangue e na harmonização da circulação do Qi.

Fitoterapia

▷ **Niu Pi Xuan Hao Fang:** fórmula: *Tu Fu Ling* (rhizoma smilacis glabrae); *Sheng Di Huang* (radix rehmanniae glutinosae); *Ban Lan Gen* (radix isatidis seu baphicacanthi); *Da Qing Ye* (folium daqingye); *Xuan Shen* (radix scrophulariae ningpoensis); *Mai Men Dong* (tuber ophiopogonis japonici); *Jin Yin Hua* (flos lonicerae japonicae); *Lian Qiao* (Fructus Forsythiae Suspensae); *Huang Qin* (radix scutellariae baicalensis); *Dang Gui* (radix angelicae sinensis); *Hong Hua* (flos carthami tinctorii).

6.2.1.3. Estase do sangue e calor tóxico

Aqui as lesões tendem a ser hiperpigmentadas ou de cor vermelho-escuras, revestidas por placas escuras, espessas. Pode apresentar prurido, dor e fissuras. É comum o aparecimento da artrite psoriática. A língua é arroxeada e escura coberta por uma saburra amarela e gordurosa. O pulso tende a ser forte e profundo, escorregadio.

O tratamento na MTC é baseado na remoção do calor, das toxinas e da estase sanguínea e promoção da diurese.

a) Fitoterapia

▷ **Wen Qing Yin:** fórmula: *Shu Di Huang* (radix rehmanniae pre-parata); *Bai Shao* (radix paeonia alba); *Dang Gui* (radix angelicae sinensis); *Chuan Xiong* (rhizome ligustici chuanxiong); *Huang Qin* (radix scutellariae); *Huang Lian* (rhizoma coptidis); *Huang Bo* (cortex phellodendri); *Zhi Zi* (fructus gardenia).

▷ **Niu Pi Xuan Hao Fang:** fórmula: *Tu Fu Ling* (rhizoma smilacis glabrae); *Yin Chen Hao* (herba artemisiae capillaris); *Sheng Di Huang* (radix rehmanniae glutinosae); *Jin Yin Hua* (flos lonicerae japonicae); *Lian Qiao* (fructus forsythiae suspensae); *Sheng Shi Gao* (gypsum); *Pu Gong Ying* (herba taraxaci mongolici cum radice); *Zi Hua Di Ding* (herba violae cum radice); *San Leng* (rhizoma sparganii); *Ye Ju Hua* (flos chrysanthemi indici).

▷ **Fang Feng Tong Sheng Wan:** fórmula: *Fang Feng* (ledebouriella seslosides); *Jing Jie* (schizonepeta tenuifolia); *Ma Huang* (herba ephedra); *Jie Jeng* (platicodon grandiplorus); *Bo He* (mentha hapocalyx); *Lian Qiao* (forsythia suspense); *Huang Qin* (scutellaria baicalensis); *Dang Gui* (angelica sinensis); *Zhi Ki* (gardenia jasminoides); *Shi Gao* (calcium sulfate); *Chuan Xiong* (ligusticum wallichii); *Bai Zhu* (atractrylodes macrocephala), *Sheng Jiang* (zingiberis officinalis); *Bai Shao Yao* (paeonia lactiflora); *Gan Cao* (glycyrrhiza uralensis); *Da Huang* (rheum palmatum); *Mang Xiao* (mirabilite); *Hu Shi* (talco).

b) Acupuntura

Em todos os casos podemos selecionar o seguintes pontos: VG12 (Shenzhu); VG14 (Dazhui); B13 (Feishu); B18 (Ganshu); B20 (Pishu), IG4 (Hegu), IG11 (Quchi); BP10 (Xuehai); BP6 (Sanyinjiao). Em casos com vento B12 (Fengmen) e em casos de umidade-mucosidade B40 (Fenglong). Outros pontos podem ainda ser utilizados secundariamente como o VB20 (Fengchi); E9 (Renying) em casos de lesões de face e couro cabeludo; TA6 (Zighou), para problemas nos membros superiores e E36 (Zusanli) e E40 (Fenglong), para lesões nos membros inferiores. Pode-se usar ainda para remoção do calor no sangue BP10 (Xuehai), F8 (Ququan). Pode-se usar ainda a técnica de agulha de ameixeira e injeção do acuponto.

c) Auriculopuntura

Nos pontos do Shenmen, Rim, Pulmão, Adrenal. IG e Coração.

d) Ventosa

Aplicar nos pontos VG13 (Taodao); VG14 (Dazhui); B18 (Ganshu); B20 (Pishu). A aplicação de ventosa pode ser realizada isoladamente ou após a acupuntura.

O tempo médio de tratamento dessas patologias, varia entre 2 a 6 meses.

6.2.2. Rosácea

A rosácea é uma inflamação crônica com surgimento comum em região de malares, nariz e queixo, e algumas vezes por toda a face. Sua causa fisiopatológica é desconhecida, acometendo mais mulheres que apresentam propensão ao rubor e aparência avermelhada. Uma vasodilatação prolongada pode causar teleangiectasias (dilatação permanente dos vasos sanguíneos) e a estimulação das glândulas sebáceas, levando assim a uma acne com pápulas e pústulas.

Sinais e sintomas: normalmente há relato de pele sensível e facil-mente irritável, com sensação de queimação, principalmente durante episódios de rubor. Sob pressão, as áreas ficam brancas. As pústulas e pápulas que aparecem, se parecem com acne. Quando as lesões acneiformes aparecem, a condição é conhecida como acne rosácea.

Em casos mais graves, as pústulas podem apresentar-se com nódulos granulomatosos.

A ingestão de álcool causa rubor facial, assim o alcoolismo crônico pode predispor os indivíduos à rosácea ou rinofima (aumento do nariz devido a hiperplasia fibrosa e sebácea).

A rosácea se difere da acne pela presença posterior de comedões.

Na MTC, as principais causas de rosácea são:

6.2.2.1. Acúmulo de calor no pulmão e estômago

O exagero na ingestão de bebidas alcoólicas ou alimentos apimenta-dos provocam calor no estômago e aquecem o pulmão. Pode apresentar ressecamento na boca e nariz, constipação, língua vermelha com saburra amarela, pulso em corda ou escorregadio.

A MTC objetiva aqui a remoção de calor e esfriar o sangue, por meio da dietética adequada e:

a) Fitoterapia

▷ **Gui Zhi Tang:** fórmula: *Gui Zhi* (cortex cinnamom); *Bai Shao Yao* (radix paeonia alba); *Sheng Jiang* (rizhoma zingiberis); *Gan Cao* (radix glycyrrhizae); Da Zao (fructus zizyphi jujubae).

b) Acupuntura

VC24 (Chengjiang), P5 (Chize), E36 (Zusanli).

6.2.2.2. Toxina que provoca calor

Resulta de um calor prévio no pulmão e no estômago, combinados com um ataque de calor tóxico, o que provoca aumento de calor nos canais do pulmão e do estômago que sobem para a área do nariz e face.

Pode apresentar edema, pústulas e dor, sede, fezes ressecadas, urina amarelo-escuro, língua vermelha com saburra amarela, pulso rápido e escorregadio.

O objetivo da MTC é remover o calor, resfriar o sangue e eliminar toxina.

a) Fitoterapia

▷ **Wu Wei Xiao Du Yin:** fórmula: *Jin Yin Hua* (flor lonicerae); *Ji Hua* (flos chrysanthemi), *Pu Gong Ying* (herba taraxaxi); *Zi Hua Di Ding* (herba violae); *Tia Kui Zi* (radix semiaquilagiae).

b) Acupuntura

P1 (zhongfu), P7 (lieque), VC17 (danzhong), R10 (yingu), BP6 (sanyin-jiao), BP10 (xuehai) VB20 (fengchi), E36 (zusanli), E44 (neiting).

6.2.2.3. **Calor no Sangue**

É frequente causado por desarmonia nos vasos penetrador (VG) e da concepção (VC), de modo que o calor do sangue fica estagnado na face e nos tecidos, aumentando as lesões. Nesse caso é comum o bulbo do nariz ficar vermelho e com pápulas ao redor do nariz e da boca, a presença de teleangiectasias na região das bochechas. Pode apresentar ainda constipação, ciclos menstruais irregulares, língua vermelha com uma saburra fina amarelada ou branca, e pulso em corda e escorregadio.

O objetivo na MTC é remover calor e esfriar o sangue, além de regular os canais penetrador e da concepção.

a) Fitoterapia

▷ **Ge Gen Qin Lian Tang:** fórmula: *Ge Gen* (radix puerariae); *Huang Qin* (radix scutellariae); *Huang Lian* (rhizome coptidis); *Gan Cao* (radix glycyrrhizae).

▷ **Xiao Feng San:** fórmula: *Jing Jie* (herba schizonepetae); *Fang Feng* (radix saposhi); *Dang Gui* (radix angelicae sinensis); *Shu Di Huang* (radix rehmanniae preparata); *Ku Shen* (radix sophorae flavescentis); *Cang Zhu* (rhizoma atractylodis); *Chan Tui* (periostracum cicadae).

b) Acupuntura

VG10 (Lingtai), VG14 (Dazhui), pontos locais ao redor das pústulas.

6.2.2.4. Estagnação de Qi e sangue

Pode ser causado por desarmonias preexistentes nos canais penetrador (VG) e da concepção (VC) ou por um calor preexistente no pulmão ou estômago, com posterior ocorrência de ataque de frio. O calor então é incapaz de ser ventilado e drenado e é vaporizado para cima e provoca aglutinação na região do nariz, causando estagnação de Qi e sangue, resultando na rosácea. Nesse caso, o bulbo do nariz está vermelho-escuro ou roxo, aumentado e úmido, com presença de teleangiectasias e aumento da abertura dos folículos sebáceos; em casos mais graves haverá nódulos ou rinofima. Demais sintomas podem ser língua violácea com saburra amarela pegajosa, e pulso em corda e escorregadio.

Na MTC, o objetivo é tonificar o sangue e desestagnar, liberando as massas e dissipando os nódulos.

a) Acupuntura

P5 (chize), P7 (lieque), BP6 (sanyinjiao), F3 (taichong), VC6 (qihai). B16 (dushu), B17 (geshu).

Pontos comuns em todos os casos de rosácea M-HN-3 (Yintang), VG25 (Su liao), IG20 (Ying xiang), E4 (Dicang), VC24 (Cheng jiang), ID18 (Quan liao), E5 (Da ying), IG4 (Hegu), IG11 (Qu chi).

b) Auriculopuntura

Para todos os casos, pode-se usar os pontos do nariz, pulmão, endócrino e adrenal.

6.2.3. **Vitiligo**

Vitiligo ou Leucoderma é uma doença crônica que causa a perda da pigmentação, resultando em manchas irregulares, pálidas na pele.

Biomedicamente, as manchas brancas na pele são compreendidas com resultado da destruição das células pigmentadas da epiderme; contudo, suas causas e seus mecanismos são desconhecidos. Há várias teorias, como autocitotóxico, imunológico e neural. Fatores genéticos provavelmente predispõem as células pigmentadas de alguns indivíduos à destruição.

Essa é uma doença em que o Yang e o Qi não ascendem à pele devido à deficiência.

Normalmente vitiligo muito antigo, de mais de 1 ½ a 2 anos não respondem ao tratamento. Mas áreas mais recentes respondem em duas semanas.

Sinais e sintomas: a marca registrada do vitiligo é a hipopigmentação e, depois de um tempo, a despigmentação completa.

Na MTC, as principais causas são:

6.2.3.1. **Invasão de excesso externo**

Vento, calor, frio, umidade podem invadir de tal forma que o pulmão se torna incapaz de disseminá-los. O excesso se acumula nos canais e colaterais, gerando desarmonia entre o sangue e o Qi ou causando estagnação de Qi. Assim, a pele torna-se incapaz de receber nutrição e resulta na lesão.

6.2.3.2. Qi do fígado estagnado

A perda da função de dispersão do Qi pelo fígado gera desarmonia entre o sangue e o Qi, causando estagnação. Assim, a pele não recebe nutrição e promove aumento de lesões.

6.2.3.3. Deficiência do Yin do rim

Leva ao aumento do calor no coração que consome o Yin do sangue, gerando desarmonia entre Qi e sangue. A pele perde a nutrição e desenvolvem-se as lesões.

Assim, o objetivo de tratamento pela MTC é expulsar os fatores patógenos externos liberando os canais, promover a dispersão e circulação de Qi e sangue, e nutrir o sangue e o Yin.

Acupuntura

R3 (taixi), R6 (zhaohai), IG4 (hegu), IG11 (quchi), P1 (zhongfu), P9 (taiyuan), BP6 (sanyinjiao), F2 (Xingjian), BP3 (taibai), BP10 (xuehai), E36 (zusanli), E40 (fenglong), VB34 (yanglingquan), B13 (feishu).

O tratamento local pode incluir agulhas cercando as lesões principais, ou moxa sobre fatias de gengibre nas áreas despigmentadas até estas tornarem-se vermelhas. Realizar por 14 dias consecutivos.

Pode-se usar a agulha de ameixeira da região da borda para o centro, de forma que a pele fique bem hiperemiada ou sangrar por 1 minuto. Realizar 1 vez/dia por 10 dias.

Bibliografia

BASTOS, S. R. C. *Tratado de eletroacupuntura: teoria e prática*. Rio de Janeiro: Numen Ed., 1993.

CARBIOGLU, M. T.; ERGENE, N. (2006). Changes in level of serum insulin, C-peptide and glucose after electroacupuncture and diet therapy in obese women. *Am. J. Chin. Med.* 34 (3): 367-76.

CARBIOGLU, M. T.; ERGENE, N. (2006). Changes in serum leptin and beta endorphin levels with weight loss by electroacupuncture and diet restriction in obesity treatment. *Am. J. Chin. Med.* 34 (1): 1-11.

CASADO, H.; SÁ, F. C. *Atlas de ouro de acupuntura*. São Paulo: Ícone, 2008.

CHENG, L. D. *Fórmulas magistrais chinesas*. São Paulo: Roca, 2008.

CHENGHUA, D.; XIAOGANG, S. *Tongue figure in Traditional Chinese Medicine*. People's Medical Publishing House, USA, 2002.

CÓRDOBA, R. *Comer: Como? Quando? O quê?* Porto Alegre: Bodigaya Ed., 2003.

DE-HUI, S.; XIU-FEN, W.; WWANG, N. *Manual of Dermatology in Chinese Medicine*. Eastland Press Inc., USA, 1995.

DOMINGAS, I. P. *O Psiquismo em Medicina Oriental*. Rio de Janeiro: Sohaku-in Ed., 2004.

FOCKS, C.; MÄRZ, U. *Guia Prático de Acupuntura*. São Paulo: Manole, 2008.

GUANG, J. Y. *Curso de farmacoterapia tradicional chinesa*. IPE, SC. Brasil, 1998.

GUILLOU, J. Tratado de Praxis Médica. Tomo 4. *Dermatologia*, n. 11. 434.

HE, L.; GAO, X. L. *et al.* (2008). Effects of acupuncture on body mass index and waist-hip ratio in the patient of simple obesity. *Zhongguo Zhen Jiu.* 28 (2): 95-7.

JIAN-HUI, L. *Handbook of Traditional Chinese Dermatology*. Blue Poppy Press, USA, 1998.

JIAO, L.; CHI, Z. H. (2008). Electroacupuncture for treatment of simple obesity complicated with fatty liver. *Zhongguo Zhen Jiu.* 28 (3): 183-6.

LOBOSCO, M. *Fitoterapia Chinesa*. Rio de Janeiro: BookLINK Ed., 2005.

LOBOSCO, M. *Fórmulas magistrais da dinastia Han*. RJ, Brasil, 2008.

MACIOCIA, G. *A Prática da Medicina Chinesa. Tratamento de doenças com acupuntura e ervas chinesas*. São Paulo: Roca, 1996.

MACIOCIA, G. *Diagnóstico na Medicina Chinesa*. São Paulo: Roca, 2005.

MACIOCIA, G. *Fundamentos da Medicina Chinesa*. São Paulo: Roca, 1996.

MARIA, I. F.; FAHRNOW, J. *Os 5 elementos na alimentação equilibrada*. São Paulo: Ágora Ed., 2003.

MIN, L. A. *Practical Traditional Chinese Dermatology*. Chinese Medicine Pub. Hong Kong, China, 2000.

NAIQING, L.; JIANCHUN, C. General TCM Knowledge of Surgery, Osteology & Traumatology, chapter 1 (1.9.3. Psoriasis), 56-58. *China Press of Traditional Chinese Medicine*. Beijing, China, 2005.

QIANG, Z. Z. (1997). Psoriasis – treatment by traditional Chinese medicine. *J. Chin. Med.* 55 set.: 5-9.

ROSS, J. *Sistemas de órgãos e vísceras da medicina tradicional chinesa*. São Paulo: Roca, 1994.

SHANGAI COLLEGE OF TRADITIONAL MEDICINE *Acupuntura. Um texto compreensível*. São Paulo: Roca, 1996.

THAMBIRAJA, R. *Cosmetic Acupuncture – A traditional medicine approach to Cosmetic and Dermatological Problems*. Elsevier, UK, 2009.

TOU, W. K. *Apostila de acupuntura estética facial e corporal*. São Paulo, 1998.

WANG F.; TIAN, D. R. *et al.* (2008). Electroacupunture in the treatment of obesity. *Neurochem Res.* 33 (10): 2023-7.

YAMAMURA, Y. Função Psíquica na Medica Tradicional Chinesa. Teoria dos sete espíritos (shen), sete sentimentos e cinco emoções. *Rev. Paul. Acupuntura.* 1996.

http://www.itmonline.org/arts/vitiligo.htm